HOY FUE MI PRIMER DIA DE ESCUELA

Escrito e ilustrado por Karen G. Frandsen

Traductora: Lada Josefa Kratky

Consultante: Roberto Franco

CHILDRENS PRESS ®
CHICAGO

Library of Congress Cataloging-in-Publication Data

Frandsen, Karen G.
 Hoy fue mi primer día de escuela.

 Traducción de: I started school today.
 Resumen: Un niño cuenta de su primer día de
escuela, un día lleno tanto de sorpresas
agradables como de ansiedades.
 [1. Escuelas—Ficción] I. Título.
PZ7.F8488Iaf 1984   [E]   83-23169
ISBN O-516-53495-5 Paperbound
ISBN O-516-33495-6 Library Bound

        5 6 7 8 9 10 R 99 98 97 96 95 94 93

Hoy fue mi primer día de escuela.

Mi mami me dijo que
iba a aprender a leer.

Cuando llegamos a
la escuela, todos los niños
esperamos afuera. Todas
las mamás nos miraban.

Entonces, sonó la
campana. Todos los niños
entramos y todas las mamás
se fueron a casa.

Susi se puso a llorar.

Javier no pudo
encontrar el baño.

Y yo me quería ir
a casa para ver si
alguien se estaba
llevando mis juguetes.

Mi maestra se sonrió.
Me dijo que sería mejor
que esperara porque más
tarde nos iba a dar
pastelitos de chocolate.

Yo guardé un pedazo
del pastelito para ella.
Lo puse en su silla
para sorprenderla.

Me gustan las sorpresas.

Ella se sentó en
la silla antes de quitar
el pastelito. Creo que
quedó muy sorprendida.

Después, me dio una sonrisa.
Me gusta mi maestra.

Más tarde, hicimos reglas
que decían
    te debes turnar

    no pegues

    levanta la mano

    escucha

    no hagas ruido

    no corras

    párate en fila

    debes compartir

    habla en voz bajita

    no grites.

Pronto fue hora
de irnos a casa.

Todavía no sabía leer,

sin embargo todos nos
paramos en fila para
irnos a casa.

Me subí al autobús.
La conductora no paró
frente a mi casa.
Paró en la esquina.

BUS STOP

Juanito me dijo que
me bajara con él.
El quería escaparse y
dijo que podíamos
escaparnos juntos.

Me gusta tener un amigo
como Juanito, pero...

Tenía hambre y quería ver
si alguien se había llevado
mis juguetes. . .
por eso
me fui
a casa.

A lo mejor mañana
aprendo a leer.

Mañana voy a llevar
mi lagartija muerta a
la escuela para sorprender
a mi maestra otra vez.

Me gusta mi maestra.

Sobre la autora/ilustradora

De niña, Karen Frandsen vivió en el sur de California y vive actualmente en San Diego con sus hijos, Eric e Ingrid.

Karen Frandsen trabaja independientemente como ilustradora y es maestra de escuela primaria.

Sus experiencias reales con sus dos hijos y sus alumnos forman la base de su libro **Hoy fue mi primer día de escuela.**